Vorrede
zur vierten Auflage.

Der Vortrag, der der vorliegenden Schrift zu Grunde liegt, wurde, — das muß nachdrücklichst hervorgehoben werden, in dem Sozialwissenschaftlichen Akademischen Verein in Czernowitz im Jahre 1909 gehalten. Er war für eine, hauptsächlich aus Angehörigen der Universität bestehende Hörerschaft bestimmt, und sein Zweck vor allem, meinen Schülern zu sagen, wie sie in ihrer Heimat fruchtbare Sozialpolitik betreiben könnten. Als ich die Zustimmung zu seiner Veröffentlichung gab, konnte ich nicht annehmen, daß die vom Sozialwissenschaftlichen Akademischen Vereine herausgegebene Sammlung je außerhalb der Bukowina verbreitet werden könnte. Aber bald nach dem Erscheinen erregte er, wie auch andere Schriften der Sammlung, in ziemlich weitem Kreise Aufmerksamkeit. Und nun haben weltgeschichtliche Ereignisse den darin behandelten Fragen eine Wichtigkeit verliehen, von der vor einem halben Jahrzehnt niemand eine Ahnung haben konnte.

Es darf wohl schon heute als einigermaßen wahrscheinliches Ergebnis des gewaltigen Ringens betrachtet werden, daß Polen in irgendeiner Form die nationale Selbständigkeit wieder erlangen wird. Und in der Tat wäre kein Preis dafür zu hoch. Für mich ist es zweifellos, daß die Teilung Polens, gegen die sich die große Kaiserin Maria Theresia, wohl einer der bedeutendsten Staatsmänner, die je gelebt haben, nicht nur, wie man gewöhnlich glaubt, aus sentimentalen, sondern auch aus politischen Gründen so heftig gesträubt hatte, ein verhängnisvoller Fehler war, der fast an jedem großen Unglücke Schuld trägt, von dem Europa seither heimgesucht worden ist. Ohne Polen wäre Rußland eine asiatische Macht geblieben, die uns nicht viel mehr angeht als Persien. Das Ziel jeder vernünftigen deutschen und österreichischen Politik, das noch vor einem halben Jahrhundert auch das Ziel der französischen und vor einem Viertel Jahrhundert das Ziel der englischen Politik war, Rußland nach dem Osten zu verweisen, wo seiner großartige Aufgaben harren, wäre mit unabweisbarer Notwendigkeit erreicht worden. Nur die freundliche Einladung, in die europäische Politik einzutreten, die mit der Zuteilung Polens ergangen war, ließ Rußland, zu Europas und seinem eigenen Verderben, verkennen, daß alle seine Interessen an der Kolonisierung der unermeßlichen Strecken Asiens hängen, für die sein hochbegabtes Volk, wie die glänzenden Ergebnisse der bisherigen Tätigkeit zeigen, vortrefflich geeignet ist.

Deutschland und Österreich haben vor allem Interesse an einem lebensfähigen Polen, das mit allen Mitteln an die westeuropäische Gesittung zu ketten wäre. Noch vor einem Jahrzehnt wäre das mit größter Leichtigkeit zu erreichen gewesen, heute besteht bereits in Polen infolge verhängnisvoller politischer Mißgriffe, eine starke Strömung für ein Zu-

Alle Rechte vorbehalten.

Altenburg
Pierersche Hofbuchdruckerei
Stephan Geibel & Co.

Schriften des Sozialwissenschaftlichen
Akademischen Vereins in Czernowitz.
Heft I.

Die Aufgaben der Sozialpolitik im österreichischen Osten
(Juden- und Bauernfrage).

Von

Dr. Eugen Ehrlich,
o. Professor der Rechte an der Universität Czernowitz.

Vierte Auflage.

München und Leipzig.
Verlag von Duncker & Humblot.
1916.

sammengehen mit Rußland. Aber diese Strömung ist bisher nur auf die oberen Schichten beschränkt, und sie wird, wenn nicht neue Fehler begangen werden, zweifellos zurückgehen. Der katholische Glauben und die westliche Gesittung werden die großen Massen des polnischen Volkes, denen Rußland nach wie vor als Erbfeind erscheint, zu uns herüberziehen. Es handelt sich jetzt darum, auf welche Bevölkerungsschichten wir bei dieser Arbeit mit Sicherheit zählen können, auf dem flachen Lande und in den Städten. Die Verhältnisse sind da in Polen annähernd die gleichen wie in Galizien und der Bukowina, mit denen ich mich in dem Vortrage befasse. Auf dem flachen Lande kommt es vor allem auf den Bauer, in den Städten auf den Juden an. In dem polnischen Bauer, wenn nicht alles trügt, was ich von ihm erfahren konnte, steckt ein ungemein tüchtiger Keim. Dem deutschen Leser, der ihn näher kennen lernen will, empfehle ich die lebensvolle Schilderung in dem Romane von Reymont: Die Bauern (Chłopi) der, wenn ich nicht irre, ins deutsche übersetzt ist. Alles kommt darauf an, ihn auf eine gesunde wirtschaftliche Grundlage zu stellen. Der größte Übelstand ist die Zerstückelung des bäuerlichen Besitzes, verschuldet teils durch das Überwiegen des Großgrundbesitzes, teils durch das Erbrecht. Ich halte jetzt noch die Produktionsgenossenschaften für das richtige Mittel. Diese zu schaffen, wäre eine dankbare Aufgabe für die deutsche Organisationsbefähigung. Außerdem dürfte eine weitherzige Siedelungspolitik auf dem übermäßig ausgedehnten Großgrundbesitze unvermeidlich sein. Der slawische Bauer pflegt überall seinen Besitz letztwillig ziemlich gleichmäßig unter die Söhne zu verteilen. Das führt mit der Zeit zu Zwergwirtschaften, auf denen der Betrieb nicht mehr fortgeführt werden kann. Die ungeheure Auswanderung aus den slawischen Ländern beweist, daß die Zustände, die dadurch geschaffen wurden, jetzt schon unhaltbar sind. Jede Bauernpolitik im Osten wird daher damit beginnen müssen, den Bauernsöhnen Raum zu schaffen. Auch diese Frage wird im Romane von Reymont scharf beleuchtet.

Die Judenfrage hat im Osten eine ungeheure Bedeutung. Im Westen ist sie nach meiner Überzeugung eine aus parteipolitischen Gründen künstlich aufgebauschte Sache. Die westlichen Juden sind, wie die Statistik zeigt, im Aussterben begriffen; nur infolge des Zuzugs aus dem Osten tritt das weniger hervor. Abgesehen davon, wirken die zahlreichen Übertritte und die Mischehen so zersetzend, daß sie ihre Sonderart gewiß nicht mehr lange werden behalten können. Aber das alles gilt nicht für den Osten. Die nationale Frage sollte hier ganz aus dem Spiele gelassen werden. Ich halte es jetzt selbst für unmöglich, die östlichen Juden beim Deutschtum festzuhalten. Noch vor einem Vierteljahrhundert war bei ihnen allerdings eine starke Strömung dafür vorhanden, sich ganz an das Deutschtum anzuschließen; seither hat sich aber, unter dem Einflusse des deutschen Antisemitismus, eine entschiedne Wendung vollzogen. Man wird es nunmehr den östlichen Juden selbst überlassen müssen, wie sie sich national stellen wollen:

ob sie noch eine Annäherung an das Deutschtum suchen werden, ob sie sich zu einer eignen Nation ausgestalten, oder mit den Völkern, unter denen sie wohnen, verschmelzen. Für das letzte scheinen ihre großen Massen nur in Ungarn, wo man ihnen in dieser Beziehung weit entgegenkommt, gewonnen zu sein. Uns muß es jedoch genügen, daß die Juden in Polen politisch unbedingt zuverlässig sind: sie werden, wenigstens in absehbarer Zeit, weder für eine russische noch für eine panslawistische Politik zu haben sein. Um so wichtiger ist es, sich um ihre wirtschaftliche Lage zu kümmern. Das, was ich im Vortrage gesagt habe, gilt heute noch in viel höherem Grade: die Juden im österreichischen Osten, ebenso in Russisch-Polen, in Südrußland und in Rumänien befinden sich mitten in einer wirtschaftlichen Katastrophe. Geholfen kann ihnen nach meiner Überzeugung nur werden durch die Großindustrie: sie müssen Industriearbeiter werden. Wer das als unmöglich bezeichnet, kennt sie eben nicht: Fabrikarbeiter und Handwerker sind sie in diesen Gegenden jetzt schon zum größten Teile, und stets bereit, es zu werden. Was sie daran hindert, ist eben nur der geringe Umfang der Großindustrie in diesen Gegenden, zum Teile auch das Widerstreben des Industriellen, jüdische Arbeiter, obwohl sie anerkanntermaßen sehr tüchtig sind, einzustellen.

Meine Damen und Herren!

Als ich die Ankündigung meines Vortrages an den Straßenecken von Czernowitz las, da fühlte ich einiges Gruseln. Ich habe erst jetzt erfahren, daß ich über die Sozialpolitik in der Bukowina sprechen soll. Das ist aber ein Gegenstand, der in einem dreibändigen Werk behandelt werden müßte, ein jeder Band eng gedruckt und mit sehr vielen Anmerkungen versehen. Werde ich das in der kurz bemessenen Zeit eines Vortrages bewältigen können? Mir stiegen leichte Zweifel auf; ich versuchte mich zu erinnern, ob ich mich selbst vor diese unmögliche Aufgabe gestellt habe und das Ergebnis war, daß dem ein Mißverständnis zugrunde liege. Ich habe den Abgesandten des sozialwissenschaftlichen Vereins nicht gesagt, daß ich über „Sozialpolitik in der Bukowina" sprechen werde, sondern über die **Aufgaben der Sozialpolitik in der Bukowina**. Das klingt schon etwas menschlicher und ich bitte Sie, mir zu gestatten, auch meinen heutigen Vortrag darauf zu beschränken; es liegt nicht bloß in meinem, sondern auch in Ihrem Interesse.

Ich will also über die „Aufgaben der Sozialpolitik in der Bukowina" sprechen und zwar in erster Linie als Professor; nicht als Mann des praktischen Lebens, sondern als einer, der die Dinge von einer Straßenecke aus beobachtet und sich seine Gedanken darüber macht. Ich will auch darin mich als Professor bewähren, daß ich zunächst über den Begriff der Sozialpolitik spreche. Darunter versteht man den Teil der Volkswirtschaftspolitik, die eine geänderte Verteilung des Volksvermögens im Interesse der rechtlich, gesellschaftlich oder wirtschaftlich zurückgesetzten Klassen anstrebt. Ich möchte nun zunächst bemerken, daß ich im allgemeinen Anhänger der sogenannten klassischen Nationalökonomie bin und daher auch Gegner der nationalökonomischen Richtung, die heutzutage insbesondere in Deutschland verbreitet ist, und die bestrebt ist, Sozialpolitik zu treiben hauptsächlich mit Hilfe staatlicher Maßregeln, also vor allem mit Hilfe der Gesetzgebung und Verwaltung. Ich glaube mit den klassischen Nationalökonomen, daß die Verteilung des Volkseinkommens im Interesse der unteren Klassen vor allem durch Erhöhung des gesamten Volkseinkommens bewirkt wird. Je mehr der Reichtum des Volkes im ganzen wächst, je wohlhabender die einzelnen Angehörigen eines Volkes werden, um so mehr fällt auch für die heute rechtlich und gesellschaftlich zurückgesetzten Klassen ab. Ich glaube, daß auch manche Sozialisten, insbesondere ihr großer Führer Karl Marx, eigentlich im tiefsten Innern ihres Herzens derselben Überzeugung gewesen sind. Wenn Sie Karl Marx gründlich studieren, so überzeugen Sie sich, daß er überall davon spricht, daß eine andere gesellschaftliche Ordnung erst dann möglich sein wird, wenn die wirtschaftlichen Voraussetzungen dafür vorhanden sein werden. Und als erste unter diesen Voraussetzungen bezeichnet er stets die Industrialisierung der Welt und damit zusammenhängend eine solche Erhöhung des Volksreichtums, daß damit auch eine andere Verteilung des Volkseinkommens möglich wäre.

Das ist auch meine Auffassung. Ich glaube, wir in der Bukowina können uns leicht überzeugen, wie vieles gerade für diese Auffassung der Aufgaben der Sozialpolitik spricht. Hier in der Bukowina gelten im Grunde genommen dieselben sozialpolitischen Gesetze wie im übrigen Österreich; es besteht kein Unterschied in der Gesetzgebung: denn kein österreichisches, sozialpolitisches Gesetz von einiger Bedeutung hat die Bukowina ausgenommen. Und dennoch können wir sagen, daß die Sozialpolitik in der Bukowina nach wie vor nach den meisten oder vielleicht nach allen Richtungen in sehr bedauerlicher Weise gegen die westlichen Provinzen Österreichs zurücksteht. Warum das, meine Herren? Einfach deswegen, weil sich Sozialpolitik durch Gesetze nicht machen läßt, wenigstens nicht durch Gesetze allein. Wenn der Volksreichtum sich einigermaßen gehoben hat, dann ist erst eine Verwaltungstätigkeit und gesetzliche Maßnahmen im Interesse der untern Volksklassen an der Zeit. Wäre das hierzulande bereits der Fall, dann wären auch die Voraussetzungen für eine weiterreichende Sozialpolitik gegeben und man könnte hier das versuchen, was man im Westen Österreichs ausgeführt hat. Bei uns in der Bukowina sind wir gegenwärtig lange nicht so weit und deswegen fallen alle sozialpolitischen Maßnahmen hier eigentlich ins Wasser. Wie kann man hier von Sozialpolitik z. B. zu Gunsten des Arbeiters sprechen, wenn sein Arbeitgeber selbst nur ein armer Handwerker ist, der froh wäre, wenn er soviel hätte, wie bei einer gesunden Sozialpolitik für seinen Arbeiter entfiele. Wenn Sie mich also fragen würden, was eigentlich die erste Aufgabe, die wichtigste Voraussetzung der Sozialpolitik in der Bukowina wäre, so würde ich darauf antworten: Zuerst eine Erhöhung des Gesamtreichtums in der Bukowina. Die Bukowina, die leider zu den ärmsten Ländern der Monarchie und vielleicht zu den ärmsten der Welt gehört, müßte, um wirklich eine gesunde Sozialpolitik zu treiben, zunächst trachten, sich Mittel dazu zu verschaffen.

Ich gehe weiter in der Erörterung des Begriffes der Sozialpolitik. Sozialpolitik ist nicht Chirurgie, sondern Heilkunst, sie ist nicht Zerstören sondern Aufbauen, sie ist nicht Geschwätz sondern nützliche gesellschaftliche Arbeit.

Und nun möchte ich Ihnen sagen, was ich für den Grundstein und Eckstein jeder Sozialpolitik, nicht bloß der Sozialpolitik in der Bukowina, sondern sogar als Grundstein und Eckstein jeder wahren Politik halte. Wenn Sie Sozialpolitik treiben wollen, dann, meine Herren, bekämpfen Sie nichts! Mit gutem Grunde stelle ich das an die Spitze meiner heutigen Ausführungen. Wir leben in Österreich und ich verfolge die österreichische Politik nicht seit gestern mit der größten Aufmerksamkeit; ich verfolge sie seit dreißig und mehr Jahren und ich kann wohl als Ergebnis dieses meines Studiums sagen:

Ein österreichischer Politiker ist zunächst ein Mann, der etwas bekämpft. Ob er etwas Positives will, das ist ihm und seinen Wählern gleichgültig. Der eine bekämpft die Polen, der andere die Czechen, der dritte die Juden, dann wieder die Ungarn oder die Slovenen; dann kommen welche, die die Kirche, die Religion oder die Armee bekämpfen. Unlängst hat mir einer gesagt, man müsse das Notariat bekämpfen. Eigentlich hatte der Mann recht, denn das Notariat wurde bisher noch sehr wenig bekämpft. Nebenbei gesagt, halte ich unser Notariat wenigstens so, wie es sich im Westen Österreichs entwickelt hat, für eine der nützlichsten und fast tadellos funktionierenden Einrichtungen unseres Rechtslebens.

Nun, ich möchte wiederholen, was ich bereits gesagt habe: Die Sozialpolitik ist positive Arbeit. Wenn wir wirklich Sozialpolitik betreiben, so müssen wir zunächst trachten, den Reichtum des Volkes, den Reichtum des Landes zu heben und das bedeutet in erster Linie die Verwertung aller Kräfte, die im Lande vorhanden sind. Alle diese Kräfte müssen den großen Zielen des Landes dienstbar gemacht werden. Das ewige Bekämpfen aber ist eine Vergeudung und nicht eine Verwertung der Kräfte. Ich habe mich viel mit der Bekämpfungspolitik, die für unsern Staat so ungeheuer bezeichnend ist, beschäftigt und glaube, wenn diese Kräfte, die für das ewige Bekämpfen verwendet werden, für dieses Bekämpfen, das eigentlich nach meiner besten Überzeugung hauptsächlich in der schrecklichen Ideenarmut unserer Politiker, denen eben nichts Positives einfällt, seinen Grund hat, wenn also diese Kräfte für die wirtschaftliche und gesellschaftliche Arbeit im Volke verwendet würden, wenn wir nicht fortwährend schauen würden, was ein anderer macht und nicht macht, sondern darauf achten, daß wir selber etwas Nützliches treiben, dann würden die Sachen heute ganz anders stehen. Deswegen ist eine der ersten Voraussetzungen einer jeden Politik, daß das ewige Bekämpfen, der ewige Kampf des Einen gegen den Andern aufhört. Der Kampf Aller gegen Alle, der in unserem lieben Österreich tobt, ist eine so unglaubliche, jämmerliche Verschwendung der Kräfte, die im Volke vorhanden sind, daß schon das allein genügen würde, um ein gutes Stück des österreichischen Elends zu erklären. Deswegen sage ich noch einmal: Bekämpfen Sie nichts! — Der Kampf ist ein verneinendes und nicht ein bejahendes Prinzip. Der Kampf erzeugt keine Güter, sondern er zerstört sie. Ich wünsche mir nicht, dadurch reich zu werden, daß das Haus meines Nachbars abbrennt. Arbeiten Sie an Ihrem eigenen Haus, lassen Sie den Nachbar an dem seinigen arbeiten; dann wird es Euch beiden gut gehen.

Um nun an etwas nicht ganz außerhalb des Gewöhnlichen Liegendes anzuknüpfen: Sie wissen, daß ein gutes Stück des Kampfes in Österreich dem Klerikalismus gilt. Nun bin ich — ich sage es jedermann, der es hören will — kein Klerikaler. Und doch, wie oft mußte ich die Hände über dem Kopf zusammenschlagen, was für eine Menge von Kräften in dem ewigen Bekämpfen des Klerikalismus vergeudet wird.

Ich bin dagegen, weil es meine aufrichtige Überzeugung ist, daß der Klerikalismus durch das Bekämpfen nicht bekämpft wird, sondern wächst. Wo der Religion und ihrer Betätigung vollständige Freiheit gegeben wird, dort nimmt der Klerikalismus eine so harmlose Gestalt an, wie es etwa in England der Fall ist, einem Lande mit der größten Religiosität und der größten Freiheit der Religionen, die ich irgendwo gesehen habe. Dieser aggressive Klerikalismus, den wir in Österreich haben, ist, glaube ich, nur die Folge davon, wie der Klerikalismus fortwährend bekämpft wird.

Gestatten Sie mir hier schon auf die Sozialpolitik in der Bukowina eine unmittelbare Nutzanwendung zu machen. Ich habe gesagt: Sozialpolitik ist nicht Geschwätz, sondern Arbeit. Zur Arbeit braucht man Kräfte, Kräfte, die über das ganze Land verstreut sind, Kräfte in jedem Dorfe, in jedem Winkel des Landes. Welche Kräfte stehen Ihnen für die sozialpolitische Arbeit zur Verfügung? Ich wüßte wahrlich nicht, an wen Sie sich in der Bukowina auf dem Lande wenden könnten, wenn nicht an den Pfarrer und Lehrer. Was wäre demnach die erste Aufgabe der Sozialpolitik in der Bukowina? Den Pfarrer und Lehrer zur sozialpolitischen Arbeit heranzuziehen. Wenn Sie auf die verzichten — bei der so ungeheuern Armut unseres Landes an Intelligenz — so haben Sie niemand. Daß Sie in Czernowitz irgendwelche Vorträge halten oder halten lassen, das ist noch keine Sozialpolitik. Sie müssen Leute haben, die die sozialpolitische Arbeit durch das ganze Land verrichten.

Wo nehmen Sie nun aber solche her, die Sie doch haben müssen? Sie können sich doch nur des Pfarrers und des Lehrers bedienen, der Einzigen, die Sie selbst im letzten Gebirgsdorf finden können. Einmal wird sich der Lehrer, ein anderesmal der Pfarrer besser eignen; das wird von den Verhältnissen abhängen. Wenn Sie aber den Klerikalismus bekämpfen, dann müssen Sie sofort auf den Pfarrer verzichten; denn der Pfarrer, das ist ja der leibhaftige Klerikalismus.

Ich möchte jetzt etwas näher ins Einzelne eingehen. Zunächst muß ich einige Worte über die Ihnen übrigens bekannte gesellschaftliche und wirtschaftliche Schichtung der Bukowina sagen. Wir haben hierzulande vor allem den Bauer, dann den Großgrundbesitzer, ferner den Handwerker, den Kaufmann, außerdem die liberalen Berufe und zum Schluß — *last not least* — die Juden.

Wenn Sie dieses Bild der gesellschaftlichen und der wirtschaftlichen Schichtung in der Bukowina überblicken, so finden Sie einige Eigentümlichkeiten. Zunächst finden Sie das nicht, worüber außerhalb der Bukowina in erster Linie gesprochen wird, wenn von der Sozialpolitik überhaupt gesprochen wird, nämlich den Arbeiter. Warum finden Sie ihn nicht in der Bukowina? Aus einem ungeheuer einfachen Grunde. Weil der Arbeiter im westlichen Sinne, der Arbeiter, um den sich zunächst jede Sozialpolitik kümmert, der Fabriksarbeiter ist. Und diesen Arbeiter, den Fabriksarbeiter, gibt es in der Bukowina nicht, weil es hier keine Großindustrie gibt, die den Fabriksarbeiter nähren könnte. Die Folge davon ist, daß eigentlich fast alles, was im Westen als Sozialpolitik gilt, in der Bukowina unanwendbar ist. Das, was wir im Westen sozialpolitische Gesetzgebung oder sozialpolitische Maßregeln im Interesse der unteren Volksklassen nennen, das fällt, selbst wenn es in der Bukowina gilt, mehr oder weniger ins Wasser, das wird hier zu einem harmlosen Vergnügen, manchmal zu einer Farce, sehr selten ist es von irgendwelcher Bedeutung. Welche sozialpolitische Einrichtungen im westlichen Sinne haben wir hier? Ich glaube, ich könnte mit reinem Gewissen nur das Gewerbegericht und einige Krankenkassen nennen: das dürfte so ziemlich alles sein. Ich glaube daher, daß der Ausbau der Sozialpolitik, wie man es im Westen Österreichs versuchte, für die Bukowina ziemlich wertlos ist und ich würde das sogar von einer so großartigen Maßregel, wie es die neue Altersversicherung ist, behaupten. Ich brauche Ihnen bloß zu sagen, daß die neue Altersversicherung eigentlich in erster Linie auf der Idee sich aufbaut, daß selbst der ärmste Teufel imstande ist, eine Krone monatlich für seine Altersversicherung zu bezahlen. Das bedeutet, daß ein Bauer, der eine mitbesitzende Frau und einen Sohn von mehr als 17 Jahren hat, fast 3 Kronen monatlich, also jährlich 36 Kronen zu zahlen hat. Wenn Sie glauben, daß es viele Bauern in der Bukowina gibt, die imstande sind, 36 Kronen jährlich außer den sonstigen Steuern zu bezahlen, dann hat diese Sozialpolitik für die Bukowina einen Wert, sonst nicht. Ich glaube aber nicht daran. Nach meiner Überzeugung gibt es so wenige Bauern bei uns, die das imstande wären, daß auch diese großartige Maßregel zweifellos zusammenbrechen wird, wenn sie nicht von Reichswegen gehalten werden sollte. Und dasselbe kann ich wohl auch von allem andern sagen. Unsere Gewerkschaften, die auch eine Übertragung von Einrichtungen, die sich im Westen bewährt haben, in die Bukowina sind, mögen vielleicht irgend eine Bedeutung haben, sie ist aber gewiß nicht groß: mit der Bedeutung, die ihnen im Westen zukommt, ist sie gewiß nicht zu vergleichen. Von dort wird das Heil nicht kommen. Warum? Weil, wie gesagt, die Bukowina nicht so weit vorgeschritten und der Reichtum nicht genügend entwickelt ist, damit davon ein größerer Anteil auch auf die unteren, gesellschaftlich zurückgesetzten Klassen zurückfallen würde. Wir können es einfach nicht. Wir haben allerdings in der Bukowina eine sozialdemokratische Partei und sogar auch einen sozialdemokratischen Abgeordneten im Reichsrat. Aber ich glaube nicht, daß meine Ansicht widerlegt ist. Der sozialdemokratische Abgeordnete ist, soviel ich weiß, in erster Linie von Handwerkern und Kleinbauern in Rosch gewählt und vertritt infolgedessen gar nicht die Interessen der eigentlichen Arbeiterschaft. Und wenn er die Interessen seiner Wähler vertreten wollte, so könnte er gar nicht Sozialdemokrat sein, denn diese sind eben keine Arbeiter. Der Sozialismus in der Bukowina, wenn er überhaupt etwas bedeutet, so bedeutet er weiter nichts als den politischen Radikalismus und unsere sozialdemokratische Partei ist, was allerdings auch für andere Teile Österreichs zutrifft, ebenso wie für

Frankreich und manchmal gar für Deutschland, vor allem eine bürgerliche radikale Partei, ein Ersatz für den auf dem Festlande aus verschiedenen Gründen unbeliebt gewordenen Liberalismus. Das ist meine Überzeugung seit lange.

Die Arbeiterschaft fehlt also bei uns zum großen Teile und das gibt den Zielen und Aufgaben der Sozialpolitik in der Bukowina einen sehr eigentümlichen Charakter. Wer ist also als Gegenstand sozialpolitischer Fürsorge in der Bukowina zu betrachten? Ich glaube, diese Antwort können Sie sich selbst geben, wenn Sie einigermaßen sich fragen: Worauf beruht eigentlich das ganze wirtschaftliche Leben im Lande? Wer ist es, der die Güter erzeugt, von denen man hier lebt? Die Antwort darauf ist ungeheuer einfach: das ist der Bauer. Wer immer in der Bukowina lebt, er mag Kaufmann oder Handwerker sein oder den liberalen Berufen angehören, der wird sagen, wir leben hauptsächlich vom Bauer: wenn es dem Bauer gut geht, geht es uns allen gut, wenn es den Bauern schlecht geht, geht es uns allen schlecht. Das, was andern Ländern den ungeheuern Reichtum verschafft, das, woraus andere Länder, wie Deutschland, Frankreich, England ihre Millionen schöpfen, die Großindustrie und der Handel, davon ist in der Bukowina keine Rede und infolgedessen darf ich wohl behaupten, jede Sozialpolitik in der Bukowina muß zunächst eine Bauernpolitik sein; sie muß es zunächst im Auge haben, die Lage und die Stellung des Bauern zu heben. Damit ist wohl ihr erstes, größtes und wichtigstes Ziel angegeben, aber nicht die Mittel. Die Lage des Bauern zu heben, den Bauer zu einem besser gestellten Mann zu machen, als wir ihn heute haben, das ist eine schwere Aufgabe, sogar im Westen. Sie wissen, seit einer Reihe von Jahrzehnten ist im ganzen Westen fortwährend die Rede davon, daß der Bauer zugrunde geht. Und wie geht er erst in der Bukowina zugrunde! Sie dürfen nicht vergessen, daß unser Bauer etwas ganz anderes ist als der Bauer im Westen. Seit einer Reihe von Jahren, wenn ich meinen Hörern in Erinnerung bringe, daß der römische Staat anfänglich ein Bauernstaat gewesen ist, schicke ich voraus, — denn ich habe mich überzeugt, daß sie ganz falsche Begriffe davon haben — was eigentlich ein Bauer ist. Der westliche Bauer ist, im Grunde genommen, mit dem Bukowinaer Maßstabe gemessen, kein Bauer, sondern ein Großgrundbesitzer. Der westliche Bauer, der im Durchschnitt 30 oder 40 Joch sein Eigen nennt, — ja, wo haben Sie diesen Bauer in der Bukowina? Sie haben vielleicht in einem Dorfe einen, zwei oder höchstens drei Bauern im westlichen Sinne. Aber ich glaube, daß Sie, mit Ausnahme einiger Gemeinden im Kimpolunger Bezirke oder bei den Huzulen sehr hoch im Gebirge, keine Gemeinde haben, wo man sagen könnte, daß diese Art von Bauern die Regel wäre. Unser Bauer — daß wissen wir alle — ist nur ein jämmerlicher Zwergwirt. Grundbesitzer dieser Art werden im Westen nicht Bauern, sondern Häusler genannt, und sie leben kaum je vom Ertrage ihrer Wirtschaft, sondern verdienen ihren Unterhalt größtenteils als Arbeiter oder Taglöhner. Das ist aber bei uns mangels einer Großindustrie unmöglich. Es ist nun vollständig klar, daß man diesem Bauer mit den Mitteln nicht helfen kann, mit denen man dem westlichen Bauer aufzuhelfen gedenkt. Die Sozialpolitik in der Bukowina wäre nach dieser Richtung etwas ganz anderes als die gewöhnliche Agrarpolitik. Nehmen Sie als Beispiel die Frage der Schutzzölle. Ich will darauf gar nicht eingehen, ob die Agrarschutzzölle dem Bauer irgendwelche Vorteile bringen. Aber selbst der eifrigste Agrarier wird mir zugeben, daß das nur dann der Fall sein kann, wenn der Bauer so viel hat, daß er Einiges verkaufen kann. Nur in diesem Falle kann für ihn eine Preiserhöhung durch die Schutzzölle eine Bedeutung haben. Kann davon aber in der Bukowina die Rede sein? Was hat denn der Bauer bei uns zu verkaufen? Verkauft er Getreide? Verkauft er Vieh? Er hat ja kaum so viel, um selbst davon leben zu können. Was nützen ihm somit die Agrarschutzzölle? Was nützt ihm das Anerberecht? Ist dieses in der Bukowina durchführbar? Wäre das bei unserem Parzellenbesitzer, der, wenn er schon besser gestellt ist, drei oder vier Joch sein Eigen nennt, eine Maßregel von irgendwelcher Bedeutung? Sie sehen, was man im Auslande eine Agrarpolitik nennt: eine Sozialpolitik im Interesse des Bauernstandes, ist hier in der Bukowina im vorhinein nicht möglich, weil unser Bauer etwas ganz anderes ist, weil er nicht ein Bauer im Sinne der deutschen Länder unserer Monarchie oder im Sinne Deutschlands ist, sondern eher ein Kolone in dem

Sinne, wie man ihn etwa in Italien antrifft. Trotzdem muß für diesen Bauer, um den sich eigentlich ernstlich kein Mensch in der Bukowina kümmert, etwas geschehen, wenn wir nicht alle mit ihm zugrunde gehen sollen.

Aber was? Ich hätte nun damit die erste und wichtigste Aufgabe meines Vortrages wenigstens in bezug auf die Bauern überschritten; denn ich wollte nicht über Sozialpolitik als solche, sondern bloß über deren Aufgaben sprechen. Trotzdem, glaube ich, werden Sie es mir nicht übel nehmen, wenn ich einiges sage, was mir gerade eingefallen ist, ohne irgendwelchen andern Anspruch zu erheben, als den, einige flüchtige Anregungen gegeben zu haben. Eine der Hauptaufgaben für uns ist es, dem Bauer zu ermöglichen, daß er auf seiner kleinen Parzelle etwas einrichtet, was er verkaufen und womit er das wenige Geld verdienen könnte, das er braucht. Seine Parzelle trägt ihm jetzt so wenig ein, daß er sich davon nur teilweise und nur notdürftig nähren kann. Und alle andern Bedürfnisse als die nach Nahrung, kann er davon nicht befriedigen, weil er eigentlich nichts verkaufen kann. Allerdings verkauft er schon etwas, weil er Steuern bezahlen und sonst sich noch etwas verschaffen muß. Aber dieser Verkauf bedeutet für ihn ein langsames Verhungern. Er könnte ja ohnehin vom Ertrage seiner Parzelle kaum leben. Aber wenn er davon noch etwas verkaufen muß, damit er die Steuern bezahle, damit er sich sonst noch etwas verschaffe, so bedeutet das, daß er es einfach seinem Munde entzieht. Er ißt also um so viel weniger und es wurde in der Tat schon vor vielen Jahren von dem verstorbenen Abgeordneten Szczepanowski in bezug auf die ganz ähnlichen Verhältnisse in Galizien hervorgehoben, daß dort 50 000 Menschen mehr starben als nach der Bevölkerungszahl sterben sollten. Und es wurde von ihm mit gutem Grunde behauptet, daß diese 50 000 Leute Bauern sind, die in Galizien verhungern: nicht an Hunger im gewöhnlichen Sinne des Wortes, wohl aber an chronischer Unterernährung sterben. Wenn ich nun am Montag auf den Austriaplatz in Czernowitz gehe und die hiesigen Bauern anschaue, dann weiß ich ganz genau, was Szczepanowski sagen wollte, als er behauptete, daß die Bauern an chronischem Hunger leiden und an chronischem Hunger sterben.

Ich habe ähnliche Gedanken wie heute oft schon geäußert, aber in der Regel dem Zweifel begegnet, ob sich mit dem ruthenischen Bauer überhaupt etwas anfangen lasse. Aber alle diese skeptischen Herren vergessen, daß ein Mensch sich nur bewähren kann, wenn er vor eine angemessene Aufgabe gestellt wird. Auf seinen drei oder vier Joch, aller Betriebsmittel entblößt, wird der ruthenische Bauer selbstverständlich ein sehr schlechter Landwirt sein, weil es unter diesen Bedingungen eine gute Landwirtschaft überhaupt nicht gibt. Er wird auch deswegen ein schlechter Landwirt sein, weil bei mangelnder Ernährung auch die Energie und Lebenskraft leidet. Aber stellen Sie ihn nur vor die richtigen Aufgaben und geben Sie ihm gehörig zu essen, und dann wollen wir weiter reden. Ich verweise auf einen merkwürdigerweise hier fast unbekannten Aufsatz des Wiener Professors Philipovich in der „Österreichischen Rundschau" über seine Reise nach Kanada. Lesen Sie das vor allem, meine Herren von der ruthenischen Nationalität, damit Sie sich überzeugen, was aus dem ruthenischen Bauer werden kann. Würden Sie es glauben, daß der ruthenische Bauer, von dem viele mit solcher Verachtung sprechen, in Kanada der geschätzteste, tüchtigste, sparsamste und genügsamste Landwirt ist, daß die ödesten Strecken dem ruthenischen Bauer zur Bewirtschaftung übergeben werden und daß er sie im Verlaufe von zehn bis fünfzehn Jahren in die fruchtbarsten Gefilde verwandelt? Wissen Sie, daß sich die kanadischen Staaten um den ruthenischen Bauer geradezu reißen, um diesen ruthenischen Bauer, der hier in Hunger und Elend verkommt, während er dort, vor große Aufgaben gestellt, so Großartiges leistet?

Wie könnte man nun diesem Bauer helfen? Mehr Grund und Boden könnte man ihnen kaum verschaffen, wenigstens nicht für den Augenblick; aber man könnte ihre Arbeit intensiver machen. Ich war vor zwei Jahren in einem Lande, das sich dessen rühmen kann, die blühendste Landwirtschaft in Europa zu haben, die einzige Landwirtschaft, die über ihr Schicksal nicht klagt und das ist Dänemark, das Paradies der Bauern. Dieses Dänemark — ich habe mich nicht nur mit der Agrarfrage in Dänemark beschäftigt, sondern auch viele geschichtliche Werke gelesen — dieses Dänemark ist heute das Land, das in agrarischer Beziehung am höchsten steht. Aber vor 100 oder 150 Jahren war der Bauer in Dänemark gerade so elend wie in der Bukowina. Es war gerade ein solcher Jammer, wie heute in der Bukowina. Da habe ich mich gefragt: Wie haben es die Leute dazu gebracht, daß sie heute das sind, was sie eben sind. Die Antwort, die mir die Dänen darauf gegeben haben und die ich aus dänischen Werken geschöpft habe, war, daß in erster Linie dies das Ergebnis der Bemühungen von Grundtvig sei, eines pietistischen Schriftstellers und Politikers, der in den 30er Jahren des vorigen Jahrhunderts gewirkt hat. Sein Werk sind die über das ganze Land verstreuten Volkshochschulen, eine Art von Schulen zur Ausbildung für die Bauern und Bauernsöhne, wo sie insbesonders die sechs Wintermonate zubringen und alle möglichen Sachen, die zur allgemeinen Bildung gehören, auch landwirtschaftliche Gegenstände, lernen. Es wird aber mehr Wert gelegt auf die allgemeine Bildung, als auf das, was zur landwirtschaftlichen Bildung gehört. Diese Volkshochschulen haben zunächst den Erfolg gehabt, daß sie ungeheuer die Intelligenz des Bauers gehoben haben. Der dänische Bauer gehört zu den intelligentesten Bauern der Welt, wie ich mich selbst zu überzeugen Gelegenheit gehabt habe. Ich habe in einem dänischen Buche ein Verzeichnis von Büchern gesehen, die in einer Durchschnittsbibliothek eines gewöhnlichen Bauern sind. Sie würden, meine sehr Verehrten, die Hände über den Kopf zusammenschlagen, wenn Sie vernehmen, was ein jüttischer Durchschnittsbauer in seiner Bibliothek hat. Jeder dänische Bauer hält zwei bis drei Zeitungen. In einem dänischen Werke, das in dänischer Sprache geschrieben und „Dänemarks Kultur im 19. Jahrhundert" betitelt ist, ist angegeben, was für Bücher bestellt worden sind in einem gewöhnlichen Landstädtchen von 14 000 Einwohnern in einer der drei dort bestehenden Buchhandlungen. In jeder dieser drei Buchhandlungen des dänischen Landstädtchens sind mehrere Abonnementswerke bestellt im Preise von 100—200 dänischen Kronen. (100 dänische Kronen sind 66 Gulden.) Das ist selbstverständlich sonst nirgends als in Dänemark möglich. Der Erfolg ist die blühende dänische Landwirtschaft. Darüber sind sich die Dänen vollkommen im Klaren: In erster Linie verdanken sie ihre Landwirtschaft der ungewöhnlichen Intelligenz des Bauern.

Ich will dabei nur das eine hervorheben: das dänische landwirtschaftliche Genossenschaftswesen. Sie haben in Dänemark keine Gemeinde, die nicht eine landwirtschaftliche Genossenschaft hätte und zwar eine landwirtschaftliche Produktivgenossenschaft. In Dänemark wird die beste Butter der Welt erzeugt und zwar nicht etwa von Gutsbesitzern, sondern von Bauern und nicht etwa von einzelnen Bauern, sondern alle Bauern Dänemarks sind in wirtschaftliche Produktivgenossenschaften zusammengeschlossen, die diese Butter erzeugen und die mit ihrer Butter ganz England versorgen; in ganz England erhält man dänische Butter. Solche Produktivgenossenschaften haben sie auch für Schweine. Die Bauern schließen sich zusammen, gründen Schweinezüchtungs- und Schlachtungsgenossenschaften. Die meisten Länder des europäischen Westens werden von Dänemark mit Schweinefleisch versehen. Solche landwirtschaftliche Betriebsgenossenschaften haben sie für die Pferde und beinahe für alles mögliche. Nun, meine Verehrten, glauben Sie, daß das möglich wäre ohne die großartige Intelligenz des dänischen Bauers? Und dabei — lesen Sie die Statistik — sind die dänischen Bauern keineswegs Großbauern. Sie haben reiche Bauern in Dänemark, selbstverständlich, aber ein großer Teil sind auch Häusler, die gerade wie unsere Bauern auf drei oder vier Joch sitzen; sie sind jedoch ungeheuer betriebsam, ernst, fleißig, arbeitsam und schicken ihre Kinder in die Schulen. Dieser dänische Bauer hat es also dazu gebracht, der reichste Bauer der Welt zu sein. Wenn ich also irgendetwas sagen könnte in bezug auf unsere Bauernpolitik, so ist es folgendes: Wir müssen zunächst nach Möglichkeit trachten, durch Gründung und Ausgestaltung von Schulen den Bauernjungen zu erziehen, ihn zu etwas zu bringen, daneben aber auch zur Entwicklung des landwirtschaftlichen Genossenschaftswesens zu schreiten. In diesem von der Natur so reich gesegneten Lande Bukowina, das einen Boden hat, der zu den besten der Welt gehört, könnten wir es dazu bringen, daß unsere Butterproduktion, unsere Produktion an Eiern, — womit Dänemark ein gutes Stück der Welt versorgt, — an Geflügel und allen Sachen der landwirtschaftlichen Kultur uns soviel eintragen, um tatsächlich den Bauern das Leben irgendwie möglich und erträglich zu machen.

Das wäre zunächst die erste und wichtigste Aufgabe

der Sozialpolitik in der Bukowina. Das ist auch vielleicht das größte Unglück aller Politik in unserer engern Heimat Bukowina, wie auch in unserer Heimat Österreich: Jede politische Frage wird ausschließlich als nationale Frage aufgefaßt. Ich aber sage Ihnen, die wichtigste nationale Frage ist die wirtschaftliche Frage. Die beiden Nationen, die sich die Bukowina streitig machen, die Rumänen und die Ruthenen, sollten zunächst daran denken, daß sie in erster Linie Bauernvölker sind und daß die Größe und Entwicklung ihrer Bauern die Größe ihrer eigenen Nation bedeutet. Wenn der ruthenische und der rumänische Bauer verhungert, in Elend und Unbildung zugrunde geht, so geht mit ihm auch ein Stück der ruthenischen und der rumänischen Nation zugrunde und kein ruthenisches oder rumänisches Gymnasium, keine nationale Agitation, kein den andern abgenommener Wahlkreis wird ihnen darüber hinweghelfen. Jeder rumänische oder ruthenische Bauer aber, der es zu etwas bringt, bedeutet um so viel einen Zuwachs zum nationalen Vermögen der Rumänen und Ruthenen. Die Rumänen und Ruthenen können nur groß werden, wenn sie ihre Bauernschaft zur Entwicklung bringen. Es ist ganz eigentümlich, daß beide Völker in erster Linie daran denken, soviel Gymnasien als möglich zu begründen. Ja, glauben Sie, daß wirklich ein Volk durch Gymnasien groß wird oder groß werden kann? Ich bin nicht dieser Ansicht und möchte möglichst wenig von Gymnasien hören, die noch so sehr besucht sind und noch so viele Beamtenstellen für sich zu verschaffen trachten. Meine Verehrten! Ich halte sehr viel von unsern Hofräten, aber ich kann Ihnen versichern, für jede wohlhabende Bauerngemeinde gebe ich 10 oder 100 Hofräte, so viel Sie wollen. Das Volk wird groß durch die, die die Güter erzeugen, aber nicht durch diejenigen, welche sich von den von andern erzeugten Gütern nähren. Hofräte sind sehr gut, aber zunächst müssen Bauern sein.

Die zweite brennende Frage in der Bukowina ist die Judenfrage. Bevor ich darauf zu sprechen komme, möchte ich eines bemerken: Ich selbst gehöre noch einem Geschlechte an, für das es keine andere Lösung der Judenfrage gibt, als ein vollständiges Aufgehen der Juden im Deutschtum. Das galt nicht nur für die Juden, die unter den Deutschen wohnen, sondern auch für die Juden hier im Osten, die mitten unter slawischen Völkern ihren Sitz haben. Das Judentum des Ostens stellten wir uns vor als eine Erweiterung der deutschen Machtstellung bis tief in das Gebiet fremder Völker und Reiche hinein. Wir beurteilen die Judenfrage ausschließlich vom Standpunkte der deutschen Interessen und schätzten den Wert des Deutschtums für die Juden ausschließlich von einem gewissen allgemein menschlichen, kulturellen, sittlichen Standpunkt ein. Wenn dieser ganze Plan jetzt aufgegeben werden muß, so liegt es ausschließlich an dem Antisemitismus, der das deutsche Volk ergriffen hat. Viele Juden werden gewiß noch immer beim Deutschtum bleiben, zumal wenn sie durch Religionswechsel, Familienbeziehungen, persönliche Verbindungen oder auch ihre Eigenart und ihre persönlichen Erfahrungen hingezogen werden, aber für die große Masse der Juden, zumal die im Osten wohnenden, ist es kaum möglich, Deutsche zu bleiben, wenn die überwiegende Menge des deutschen Volkes von ihnen nichts hören will. Deutsche Politik können die Juden nur treiben mit den Deutschen, nicht gegen die Deutschen. Beginnt doch unter dem Einflusse des Antisemitismus selbst im Stammlande des liberalen Judentums, in Böhmen, ein großer Teil der Juden bereits seine eignen Wege zu gehen. Wem die Interessen des deutschen Volkes in Österreich und die Weltstellung des Deutschtums am Herzen liegen, — und zu denen gehöre ich auch — der kann das nur bedauern; ich glaube, daß dieser nicht sehr gescheite Studentenulk, der Antisemitismus, hier eine verhängnisvolle historische Rolle gespielt hat, daß er die Deutschen um ein Machtgebiet oder um mindestens eine Einflußsphäre gebracht hat, die einst vom Böhmerwald bis Odessa gereicht hatte. Hier hat der Deutsche überall Menschen gefunden, die deutsch sprachen, ihre Kinder mit Schiller und Goethe erzogen, sich zu den Deutschen in einem besonderen Nahverhältnis und zur Wahrung der politischen und wirtschaftlichen Interesse des Deutschtums berufen fühlten, — nicht selten sogar aus durchaus slawischen Gegenden deutsche Abgeordnete nach Wien entsendeten — und eigentlich nichts dafür verlangten, als daß man ihnen erlaubt, sich Deutsche zu nennen. Ein Volk mit einigem politischen Verständnis hätte sich solche Vorteile schon zu sichern gewußt. Der Mann, der einmal die Geschichte schreiben wird, wie Österreich aufgehört hat, ein deutscher Staat und ein Vorposten deutscher Kultur im Osten zu sein, der wird dem deutschen Antisemitismus einen längeren Abschnitt widmen müssen. Es ist ja schließlich nicht ganz gleichgültig, ob man die anderthalb Millionen österreichischer Juden für sich oder gegen sich hat. Ich habe den Gedanken des Zusammenhanges der Juden und Deutschen im Osten noch nicht aufgegeben, aber man wird ihm schwerlich sobald wieder näher treten können. Allerdings dürfte die Stimmung bei den Deutschen ziemlich bald umschlagen, Anzeichen dafür mehren sich mit jedem Tage, zumal bereits die Wunden sichtbar hervortreten, die ihnen der Antisemitismus geschlagen hat, aber ich zweifle, ob die Stimmung bei den Juden in absehbarer Zeit umschlagen wird und darauf kommt es schließlich auch an. Bei einem Teile der mehr nach Westen vorgeschobenen Juden halte ich das für immerhin möglich, nicht aber bei den Juden, die hier im Osten mitten unter Slawen wohnen; die dürften jetzt für das Deutschtum endgültig verloren sein. Und so will ich den Fall, daß es noch einmal gelingen könnte, die Juden, auch bei uns, in der Bukowina, den Interessen des Deutschtums dienstbar zu machen, von der ferneren Betrachtung ausschließen; trotz meiner persönlichen Wünsche und Hoffnungen. Die praktische Politik darf nicht persönliche Wünsche und Hoffnungen zur Grundlage haben und nicht mit entfernten, unwahrscheinlichen Möglichkeiten rechnen.

Ich möchte, bevor ich zur Sozialpolitik der Judenfrage, wenn auch nur in der durch den Gegenstand dieses Vortrages gebotenen zeitlichen und örtlichen Beschränkung übergehe, ganz kurz bemerken, daß alle die, die heute im europäischen Westen an der Judenfrage herumpatzen, herumschwätzen, herumschimpfen, von ihrem wahren Wesen und wirklicher Tragweite auch nicht die blasseste Vorstellung haben. Das ist ja auch gar nicht anders möglich, da sie doch immer nur westliche Verhältnisse vor Augen haben. Der Sitz der Judenfrage ist aber der europäische Osten: Südrußland, Galizien, Polen, Bukowina, teilweise Rumänien und Ungarn. Und hier sieht jeder, der nicht sehr gründlich die Augen verschließt, daß die Judenfrage weder eine Rassen-, noch eine nationale Frage, weder eine religiöse, noch im gewöhnlichen Sinne eine wirtschaftliche Frage ist. Sehr bedeutende Kenner des Judentums, vor allem Erneste Renan, bestreiten überhaupt den Zusammenhang der östlichen Juden mit den westlichen. Sie nehmen an, daß die östlichen Juden nur zu sehr geringem Teile von den alten Juden abstammen, nur insofern ihre Vorfahren aus Deutschland eingewandert sind. Die große Mehrzahl ist derselben Abstammung wie die Völkerschaften, unter denen sie wohnen, die im Laufe des XIV. und XV. Jahrhunderts in großem Maße zum Judentume übergegangen sind. Schon viel früher, im IX. Jahrhundert, hat der finnische Volksstamm der Chazaren, der in der Nähe der Krim gewohnt hat, die jüdische Religion angenommen. Aus eigener Wahrnehmung kann ich nur sagen, daß die Juden des Ostens sich durch Körperbildung, Gesichtsformen und ihre ganze Art sehr von den westlichen unterscheiden.

Die Judenfrage des europäischen Ostens ist, ähnlich wie die russische Revolution, ein Ausdruck der Tatsache, daß die östliche Gesellschaft gerade jetzt in einer Umwälzung begriffen ist. Die Judenfrage hier gleicht den großen Verrückungen in unserem Erdkörper, mit denen er, aus seinem bisherigen Gleichgewicht gebracht, sich der neuen Lage anzupassen sucht und die sich einstweilen in den schrecklichen Länder und Völker verheerenden Katastrophen Luft machen. Was aber dem Westen Europas als Judenfrage erscheint, ist nur ein leises Fernbeben, das dem erschreckten Seismologen die grauenhaften Verwüstungen ankündet, die, tausende Kilometer weit, elementare Umwälzungen angerichtet haben. Gäbe es keine Judenfrage im Osten, würde der durch wilde Stürme aus seinen bisherigen Sitzen aufgescheuchte Jude des Ostens nicht jeden Augenblick ein neues, unbequemes Problem nach dem Westen tragen, kein Mensch im Westen würde mehr an eine Judenfrage denken. Darum muß auch die Judenfrage im Osten mit einem ganz andern Maßstabe gemessen werden als im Westen. Dort ist sie ein so kleines, unscheinbares, bedeutungsloses Problem, daß man nur über die Menge des Staubes staunen muß, die sie aufgewirbelt hat. Und selbst die größten Torheiten, die bei ihrer Behandlung begangen werden, können der Gesamtheit nicht gar viel Schaden bringen. Was heißen denn die paar Juden in Deutschland, Frankreich und Westösterreich (allerdings mit Ausnahme der größtenteils slawischen Länder Böhmen, Mähren, Posen)? Aber für die Völker des Ostens, für die Polen, Südrussen, Ruthenen, Rumänen und teilweise auch für die Ungarn handelt es sich um Leben oder Tod. Gelingt es ihnen, die Judenfrage zu einer friedlichen und gedeihlichen Lösung zu bringen, dann steht ihnen, nach meiner besten Überzeugung, eine Zeit wirtschaftlicher und kultureller Blüte bevor, die nichts nachgibt der höchsten Blütenentfaltung irgendeines andern Volkes der Welt. Die Juden, in ihren eigenen Volkskörper aufgenommen und angeglichen, könnten ihn mit einer ganzen Reihe von intellektuellen und wirtschaftlichen Kräften ausstatten, die ihm bisher noch gefehlt haben. Gelingt ihnen diese Art der Lösung der Judenfrage nicht, dann zweifle ich nicht daran, daß sie sich daran verbluten. Die fortwährenden Kämpfe und Stürme, wilden Ausbrüche und ohnmächtigen Zuckungen werden für absehbare Zeit der wirtschaftlichen Entwicklung den Weg verlegen, das politische und gesellschaftliche Leben vergiften. Glauben Sie nicht, daß wir heute schon wirtschaftlich viel weiter wären, wenn wir es dazu bringen könnten, daß in Laden und Werkstätte jüdische und christliche Arbeiter und Angestellte nebeneinander ihr Werk verrichten würden?

Und nun möchte ich allen denen, die soviel von der Judenfrage reden, die Juden wegen ihres Reichtums verunglimpfen und beneiden, sagen, daß es vielleicht in ganz Europa kein größeres Elend gibt, als es unter den Juden des Ostens herrscht. Selbst das tiefste Lumpenproletariat Süditaliens und Spaniens dürfte ihnen, zumal, wenn man das günstigere Klima in Rechnung stellt, in Lebenshaltung und Einkommen nicht nachstehen. Wenigstens habe ich mich mit eigenen Augen überzeugt, daß die berüchtigsten Zufluchtsstätten des Lasters und des Elends in Süditalien, insbesondere auch in Neapel, den, der eine galizische oder bukowiner Judenstadt gesehen hat, nicht zu schrecken vermögen. All diese jüdischen Halb- und Viertelexistenzen, alle diese Mäkler, Faktoren, Schänker, Greisler, Handwerker, Taglöhner verdienen kaum soviel als ein halbwegs geschickter Lumpenproletarier durch gelegentliche Arbeit, Bettel oder Laster im Westen verdient; und diese Zustände reichen hoch ins Intelligenzproletariat hinauf. Brauchen wir eines weiteren Beweises, daß die Judenschaft des Ostens als solche Gegenstand sozialpolitischer Fürsorge sein sollte?

Sie haben, als ich Ihnen von der sozialen Schichtung der Bukowina zu sprechen begonnen habe, vielleicht mit Erstaunen bemerkt, daß ich die Juden in der Bukowina als eignen Stand betrachte. Die Juden als Stand zu betrachten, das würde mir selbstverständlich nirgends anderswo einfallen, aber in der Bukowina muß ich es wohl oder übel. Ein Teil der Juden sind hierzulande auch Advokaten, Ärzte, Großindustrielle, Großgrundbesitzer, Großkaufleute und Kaufleute, es soll auch hier in der Bukowina jüdische Bauern geben, davon aber spreche ich selbstverständlich nicht. Aber ein großer Teil der Juden sind in der Bukowina ebenso wie in Galizien ziemlich ausgesprochen ein Stand. Ich bemerke ausdrücklich, daß ich keine unsinnige Rassenpolitik und auch keine konfessionelle Politik betreiben will. Ich spreche hier weder von Rasse, noch von Konfession, ich spreche bloß von der gesellschaftlichen Schichtung der Bukowina und von der Stellung, die den Juden innerhalb dieser gesellschaftlichen Schichtung zukommt. Wie es dazu gekommen ist, daß die Juden in Galizien und in der Bukowina, überhaupt im Osten Europas, einen Stand bilden, das ist eine ungeheuer schwierige Frage. Ich habe mich damit eingehend beschäftigt, bin aber zu einer Lösung nicht gekommen und sie liegt tatsächlich nicht klar. Ich glaube, die Sache ist die, daß der Osten Europas im 13. oder 14. Jahrhunderte sich einmal auf einer Entwicklungsstufe befunden hatte, auf der sich die westlichen Länder Europas um viele Jahrhunderte früher befanden. Einerseits war die Landwirtschaft noch die ausschließliche Nahrung der Bevölkerung, andererseits fehlte jeder Zusammenhang der einzelnen wirtschaftlichen Gruppen, jeder Zusammenhang der Gemeinden, jeder einzelnen wirtschaftenden Familie. Es fehlte vollständig jeder Handel und Verkehr. Es fehlten daher auch beinahe vollständig die Städte. Es ist mir zumal aus der Geschichte Polens bekannt und dürfte auch Ihnen bekannt sein, daß lange hindurch die Deutschen in Polen die Aufgabe hatten, dieses Bindeglied zwischen den einzelnen wirtschaftlichen Gruppen zu bilden, den Handel und den Verkehr zu organisieren und zu pflegen. Sie gründeten hier die Städte, wurden mit großen Privilegien ausgestattet, und gelangten zu einem beträchtlichen Reichtum. Sie wissen, daß bis in das 15. und 16. Jahrhundert die Städte in Polen beinahe ausschließlich deutsch waren. Der Deutsche war dort Kaufmann, Geschäftsvermittler, d. h. er hat aus dem Westen Waren bezogen, hat sie an die Bauern und Gutsbesitzer verkauft, hat auch von den Bauern und Gutsbesitzern gekauft und nach dem Westen geschickt. Im Laufe des 15. Jahrhundertes beginnt nun eine noch nicht genügend aufgeklärte Auswanderung der Deutschen aus Polen. Die Deutschen verlassen die polnischen Städte und kehren nach Deutschland zurück — aus welchem Grunde weiß man nicht — und an ihre Stelle rücken nun die Juden und übernehmen die Aufgabe, die bisher den Deutschen zugefallen ist, nämlich diesen wirtschaftlichen Zusammenhang der einzelnen wirtschaftlichen Gruppen, den Handel und Verkehr, zu vermitteln. Das war damals eine wirtschaftlich vollständig gerechtfertigte Aufgabe. Man brauchte die Leute, gab ihnen ähnliche Privilegien, wie sie die Deutschen zuvor gehabt haben, behandelte sie verhältnismäßig gut, und sie wissen, daß damit die heutige wirtschaftliche und gesellschaftliche Stellung der Juden in Polen zusammenhängt.

In unserer Bukowina hat sich, ebenso wie in Galizien, Südrußland und zum Teile auch in Rumämänien, diese Stellung der Juden noch bis heute erhalten, sie haben heute noch diese Stellung, die sie während des Bestandes des alten Polen erobert haben. Aber wir dürfen nicht vergessen, daß alles, was eigentlich die wirtschaftliche Voraussetzung dieser Stellung gewesen ist, sich seither vollständig geändert hat. Diese wirtschaftliche Voraussetzung ist, daß die Menschen mehr oder weniger isoliert wirtschaften und daß sie einen Vermittler brauchen, dem sie tatsächlich für diese Vermittlerarbeit Dank wissen. Das war früher in hohem Maße der Fall, aber heute hört das selbst bei uns langsam auf. In jedem Augenblick hebt sich die Intelligenz und wirtschaftliche Kraft der Bevölkerung und das bedeutet, daß sie mit jedem Augenblick dieses Vermittlers weniger bedarf. Ich zweifle gar nicht, — es ist dies meine aufrichtige Überzeugung — daß, wenn die wirtschaftliche Entwicklung unseres Landes in normaler Weise vor sich geht, wie wir es alle wünschen und wünschen müssen, in absehbarer Zeit diese wirtschaftliche Vermittlung, die von den Juden besorgt wird, sehr entbehrlich werden wird, und das bedeutet, daß das Judentum in der Bukowina wie im ganzen europäischen Osten, vor einer Katastrophe steht. Es ist mir ganz zweifellos, daß sich jeder rechtliche, wirtschaftliche und gesellschaftliche Fortschritt in der Bukowina seit mindestens 20 Jahren und von nun an ununterbrochen auf Kosten der Juden vollziehen wird. Sie können ihre althergebrachte Stellung nicht behaupten. Welchen Fortschritt man immer hierzulande einleitet, so geschieht er auf Kosten der Juden. Nehmen Sie beispielsweise die Wucherfrage. Der Wucherer ist in erster Linie ein Mann, der die Vermittlung des Kapitals besorgt und, historisch genommen, hat der Wucherer eine wichtige gesellschaftliche Arbeit vollzogen. Bei jedem Volke, sobald die Voraussetzungen dafür gegeben sind, ist daher immer der Wucherer auf dem Plane erschienen; und der Wucherer war nicht immer ein Jude. Nun kommt eine Zeit, wo der

Wucherer nicht nur entbehrlich, sondern auch schädlich wird. Sobald der Bauer etwas gebildeter, gescheiter und menschenwürdiger gestellt sein wird, werden alle diese Wucherer, die heute in der Bukowina noch einigen Ellenbogenraum haben, verschwinden müssen, mit oder ohne Gewalt. Und diese notwendige Befreiung des Bauers vom Wucher wird sich wie wir alle wissen, vor allem auf Kosten der Juden vollziehen.

Und wie wird es mit der Befreiung des Bauers von der Alkoholpest sein? Auch die wird kommen, sobald der Bauer nur etwas gebildeter, gescheiter, menschenwürdiger gestellt sein wird. Und wer wird in der Bukowina durch den Antialkoholismus in erster Linie getroffen werden? Wieder die Juden. Und glauben Sie, wenn die wirtschaftlichen Verhältnisse in der Bukowina und die Bildung ein wenig fortgeschritten sein werden, daß man für die tausenden und abertausenden Geschäftsvermittler, Mäkler, Faktoren, Sensale Verwendung haben wird, die hier jetzt das Leben fristen? Sie verdanken ihren ganzen Erwerb heute noch nur der wirtschaftlichen Zurückgebliebenheit des Landes und der schrecklichen Unbeholfenheit der Bevölkerung, vor allem des lese- und schreibunkundigen Bauers. In einem Lande, das auf einer gewissen Höhe steht, schon im Westen Österreichs, gibt es solche Leute gar nicht, weil ein Mensch von einer gewissen Bildung eines Faktors oder Mäklers in der Regel nicht bedarf. Meine Damen und Herren! Ich spreche nicht etwa vom antisemitischen oder philosemitischen Standpunkte. Anti- und Philosemitismus sind mir vollständig gleichgültig. Ich will Ihnen nur die Wahrheit sagen, damit Sie wissen, daß die Juden vor einer Katastrophe stehen, die spätestens in zehn oder zwanzig Jahren zu erwarten ist. Von den 100 000 Juden der Bukowina haben vielleicht 10 000 Stellungen und Berufe, die ihre wirtschaftliche Grundlage und Berechtigung haben. 90 000 haben ihre Stellung der Zurückgebliebenheit des Landes zu verdanken. Wie sich nun das Land hebt, wird die wirtschaftliche Mündigkeit dieser ihrer Stellungen aufhören und sie müssen nach etwas anderem suchen. Im Zusammenhang damit steht die Flucht der Juden in die gelehrten Berufe. Sie werden staunen: An unserer Universität sind 50 % jüdische Studierende, obwohl sie in der gesamten Bevölkerung höchstens 10 % ausmachen. Warum ist das? Deswegen, weil die Juden es fühlen, daß es in den Berufen, die sie bisher gehabt haben, einfach nicht weiter geht. Und das ist ganz richtig.

Ich möchte nicht, daß aus dem, was ich soeben gesagt habe, irgendwelche Folgerungen im Sinne des Antisemitismus gezogen werden. Zunächst muß ich nachdrücklichst hervorheben, daß die Wucherer, Schänker und Geschäftsvermittler im ganzen europäischen Osten zwar einen bedenklich großen, aber nirgends einen überwiegenden Teil der jüdischen Bevölkerung ausmachen. Die große Masse sind Kaufleute, Handwerker, Arbeiter, Taglöhner und Angestellte, die zwar sehr unter der Ungunst der Verhältnisse leiden, sozusagen von der Hand in den Mund leben, aber zu Betrachtungen vom antisemitischen Standpunkte aus keinen Anlaß geben. Aber ganz abgesehen davon hat die besondere wirtschaftliche Stellung der Juden im Osten mit ihrer Rasse oder Abkunft nicht das Geringste zu tun, sie ergibt sich, wie ich dargelegt habe, aus der wirtschaftlichen Entwicklung, aus der rechtlichen Lage, in der sie sich in den vergangenen Jahrhunderten befunden haben, aus den Zurücksetzungen, die sie erlitten haben, und sogar den Privilegien, die ihnen zugestanden worden sind. Die Folgen davon dauern überall in Europa bis auf den heutigen Tag, am stärksten sind sie jedoch hier im Osten fühlbar. Und was den Wucher und Branntweinverschleiß betrifft, so sind sie nichts als besondere Formen der Kriminalität. Ich habe aber in den vielen Jahrzehnten, seit ich die Juden im Westen Österreichs und auch hier im Osten zu beobachten Gelegenheit hatte, bei ihnen keine besondere Anlagen zur Kriminalität in irgendeiner Richtung zu bemerken Gelegenheit gehabt. Ich stimme ganz damit überein, was jüngst von Liszt in einer Abhandlung über die Kriminalität der Juden gesagt hat, daß sie nichts anderes sei, als ein Ausfluß der besonderen wirtschaftlichen, gesellschaftlichen und rechtlichen Lage der Juden, und sich mit dieser wirtschaftlichen, gesellschaftlichen und rechtlichen Lage ändert. Irgend ein Einfluß der Rasse oder Abkunft läßt sich nicht nachweisen. Ich habe keine Erfahrung mit Schnapsschänkersöhnen, aber ich kenne mehrere Wucherersöhne als nützliche, tüchtige und angesehene Mitglieder der menschlichen Gesellschaft: wo ist hier der Einfluß der Rasse und

Abkunft? Einen ganz überzeugenden Beweis dagegen bietet gerade der europäische Osten, denn die Kriminalität der gerade hier so zahlreichen jüdischen Handwerker, Arbeiter und Taglöhner zeigt nicht den geringsten Zusammenhang mit den allgemeinen Zügen der jüdischen Kriminalität und unterscheidet sich von der Kriminalität ihrer christlichen Schicksalsgenossen am ehesten zu ihrem Vorteile. Und im allgemeinen darf ich wohl sagen, daß sich unter den wenigen, unbedingt zuverlässigen und anständigen Menschen, die mir auf meinem Lebenswege in die Quere gekommen sind, unverhältnismäßig viele Juden befanden, zum Teil gerade aus den östlichen Gegenden.

Und nun stehen wir vor der wichtigsten Frage: Was fangen wir mit den 90 % Juden an, denen heute eine Katastrophe droht? Das ist mir vollständig klar, daß sie nicht alle Advokaten, Ärzte, Beamte und Professoren werden können. Die Flucht in die gelehrten Berufe wird daher auch aufhören müssen, je früher, desto besser; denn auch hier ist eine Katastrophe im Anzuge. Nun, ich würde ebenfalls über mein Programm hinausgehen, wenn ich sagen wollte, wie ich mir die Rettung der Juden aus ihrer heutigen Stellung denke. Aber ich werde hier versuchen, wenigstens das, was bisher von Anderen gesagt worden ist, kurz zu besprechen. Einer der wichtigsten Versuche, diese Frage zu lösen, von den Juden selbst ausgehend, ist der Zionismus im Zusammenhange mit den Kolonisationsbestrebungen in Palästina, in Argentinien oder meinetwegen in Uganda.

Der Zionismus kommt vor allem in Betracht als besondere Richtung in der jüdisch-nationalen Bewegung. Davon will ich hier absehen. Man kann es von mir nicht verlangen, daß ich der jüdisch-nationalen Bewegung viel Sympathie entgegenbringe, da ich doch soeben dargetan habe, daß dieser Riemen aus der Haut der deutschen Machtstellung in Österreich geschnitten wird. Der Zionismus hat aber auch Bedeutung als eine kolonisatorische Bewegung und ich kann sagen, daß ich dem Zionismus als einer rein kolonisatorischen Bewegung, wobei ich von seiner nationalen Bedeutung vollständig absehe, sympathisch gegenüberstehe. Ich halte ihn für einen vollständig berechtigten Versuch. Es ist nur zweifellos, daß eine derartige Kolonisationsbestrebung mit großen Schwierigkeiten und Hindernissen zu kämpfen hat, und daß sie selbstverständlich doch schließlich nur einen Teil der jüdischen Bevölkerung und nicht ihre Gesamtheit ergreift. Und endlich müssen wir uns sagen, daß jede Kolonisation dem Volke, von dem sie ausgeht, gerade die tüchtigsten, energischesten und wertvollsten Kräfte entzieht. Wenn der Zionismus tatsächlich einen Teil seines Programmes ausführt, so werden die Juden zunächst weggehen, die unser Land am meisten braucht, und die werden uns bleiben, die wir nicht ungern ziehen lassen möchten. Und deswegen glaube ich, der Zionismus löst die Judenfrage vielleicht für einen Teil der Juden, nicht aber für die Länder, wo es eine Judenfrage gibt.

Eine Lösung des Problems, die meinen Vorstellungen am besten entspräche, wäre es, wenn wir in der Bukowina imstande wären, nicht etwa bloß den Bauer zu heben, sondern auch eine Großindustrie zu schaffen. Das ist allerdings ungeheuer schwierig, denn eine Großindustrie läßt sich nicht plötzlich aus dem Boden stampfen. Aber das Land hat natürliche Schätze in Hülle und Fülle, die es schlecht oder gar nicht verwertet. Ich erinnere an den ungeheueren Waldreichtum der Bukowina, der dazu verwendet wird, fremde Papier- oder Zellulosefabriken zu füttern, anstatt im Lande verwertet zu werden. Ich erinnere an den großartigen Obstreichtum der Bukowina. Könnte er nicht für eine große Konfekt-, Kompott- und Marmeladeindustrie verwertet werden? In England, Frankreich, der Türkei und Südtirol leben ja ganze Landstriche von der Konfekt-, Kompott- und Marmeladeindustrie. Und wir? Wir führen unser Obst in rohem, wirtschaftlich möglichst unergiebigem Zustande nach dem Auslande aus. Und dabei verstehen unsere Damen aus Weichseln, Pfirsichen, Kirschen, Marillen, Erdbeeren, Stachelbeeren, Himbeeren, grünen Zwetschken usw. ein Konfekt, Dultschetz genannt, zu machen, das nach meinen Erfahrungen zu den besten der Welt gehört, viel besser als alles, was England, Frankreich, Südtirol und die Türkei erzeugen und womit sie Millionen verdienen. Es ist zweifellos, daß unser Boden Mineralschätze birgt, die von ungeheurem Werte wären, haben wir auch keine Kohlen, so könnten wir doch Industrien begründen, die entweder keine Kohlen brauchten, oder mit Naphthaabfällen betrieben werden könnten. Was ist denn mit der Konfektionsindustrie? Überall, wo die

Juden hinkommen, betätigen sie sich in der Konfektionsindustrie, nur hier, in ihrem Stammlande nicht. Anstatt an das alles zu denken, an eine Holz- oder Konfektionsindustrie, an einen großartigen Bergbau, gehen unsere Juden ins Gymnasium, studieren dann Jus oder Philosophie und raufen sich um Konzipienten- und Supplentenstellen herum, die Juden, deren praktischer Sinn sonst bewundert wird. Wenn es aber gelänge, eine Industrie zu begründen, so fände sie in den Juden ein außerordentlich intelligentes, arbeitssames, nüchternes Arbeitermaterial und deswegen glaube ich, daß eine der wichtigsten Aufgaben der Sozialpolitik in der Bukowina die Begründung einer Industrie ist, die eben in erster Linie bei den Juden ihr Arbeitermaterial finden könnte.

Ich höre da wieder leise Zweifel und jetzt auch einige laute Zweifel, ob die Juden zur Arbeit in der Industrie fähig sind. Aber ich habe dafür Beweise in Händen. Zunächst ist es ja allgemein bekannt, daß viele Zweige des Handwerks ähnlich wie in Galizien, Südrußland, Rumänien und der Bukowina fast ausschließlich oder mindestens vorwiegend in jüdischen Händen sind. Bei der Schneiderei, Tischlerei, Klempnerei, Glaserei, Gelbgießerei und manchen anderen sind sowohl Meister als auch Gesellen Juden. Vom Handwerker zum Fabriksarbeiter ist nur ein Schritt: wer zum Handwerker taugt, taugt in der Regel auch zum Fabriksarbeiter. Aber auch andere Beobachtungen sprechen dafür. Der Bukowiner Jude ist ja in allen wesentlichen Richtungen dem russischen und polnischen Juden gleichgeartet. Und dieser Jude, dem man nach den hiesigen Erfahrungen höchstens einige Eignung zum kleinen Handwerker zuerkennen würde, ist nach England und Amerika ausgewandert und wurde dort in vielen Industriezweigen der gesuchteste und geschätzteste Arbeiter, ja, in gewissen Geschäftszweigen beherrscht er geradezu den Arbeitsmarkt. Sehen Sie sich einmal Whitechapel an, die bekannte Londoner Vorstadt. Noch vor 20 Jahren war sie die Zufluchtsstätte des allerärmsten Londoner Arbeiterproletariates, zum Teile sogar des verworfensten Gauner- und Verbrechergesindels; heute ist sie ein blühendes Industrieviertel. Und wer hat sie dazu gemacht? Die verachteten, verschrienen russischen und polnischen Juden. Die Engländer, die nach vielen Richtungen viel billiger denken als man es auf dem Festlande zu finden gewohnt ist, erkennen es rückhaltlos an, daß viele Industrien, zumal in Whitechapel, aber auch in andern Gegenden Englands durch die polnischen und russischen Juden ermöglicht, zum Teile sogar begründet worden sind, sie erkennen auch rückhaltlos an, daß das Land ihnen ein Stück seines Wohlstandes verdankt. Kommt man nach Whitechapel, so glaubt man sich geradezu nach Herzls Judenstaat versetzt. Jüdische Aufschriften überall, jüdische Anschläge auf den Anschlagssäulen, jüdische Theater, jüdische Bibliotheken, Vortragshallen, jüdische Zeitungen, darunter, wie ich hörte, einige und zwanzig jüdische Sportzeitungen; alle Gemeindebeamten, alle Policemans sprechen Jargon, das sog. „Yiddisch"; andere werden in Whitechapel nicht angestellt. Und was sind alle diese Juden? In der großen Masse nicht Schänker, nicht Wucherer, nicht Geschäftsvermittler, nicht Kaufleute, obwohl es selbstverständlich auch daran nicht fehlt, sondern Fabrikarbeiter. Vor etwa 25 Jahren, als der Zufluß russischer Juden infolge der großen Judenverfolgungen noch sehr groß war, war das Elend unter ihnen schrecklich und sie arbeiteten für wahre Hungerlöhne. Das hat aber schon seit etwa 10 oder 15 Jahren allmählich aufgehört. Von Klagen englischer Arbeiter wegen Unterbietung des Arbeitsmarktes, die seinerzeit laut geworden sind, hört man jetzt nichts mehr. Sie sind nicht schlechter gestellt als andere englische Arbeiter. Ich zweifle daher nicht, daß auch aus unseren Juden tüchtige Industriearbeiter werden können. Warum sollten sie auch nicht? Sind sie nicht intelligent, geschickt, nüchtern, ebenso fleißig wie nur irgendein Arbeiter der Welt? Leisten sie nicht jetzt schon Hervorragendes in einigen Handwerken, die besondere Geschicklichkeit, Geschmack und Intelligenz erfordern: in der Gold- und Edelsteinbearbeitung, Schneiderei, Buchbinderei, Uhrmacherei, Messinggießerei?

Und so glaube ich, daß die Sozialpolitik auch hier eine andere Aufgabe hat als das öde Geschimpfe und sonstiges „Bekämpfen". Nicht bekämpfen, sondern die Kräfte erziehen und verwerten, das ist ihre Aufgabe. Und glauben Sie nicht, daß eine blühende Industrie nur den Juden Vorteile bringen wird. Auch die Rumänen und Ruthenen werden Anteil haben an dem Reichtum, den die Industrie ins Land bringen wird.

Auch dem Bauer wird es besser gehen, wenn er seine jüngeren Söhne, für die er in seiner kleinen Wirtschaft keine Verwendung hätte, in der Fabrik als Arbeiter und Angestellte wird anbringen können, wenn wir für all das intelligente Proletariat, das wir in unseren Mittelschulen und leider auch an der Universität so massenhaft zeugen, in den Fabriken als Direktoren, Ingenieure, Buchhalter oder Disponenten werden anbringen können.

Es ist eine traurige Lehre, die noch auf die Zeiten zurückgeht, da der Mensch ein Raubtier war, daß es einem nur gut gehen könne, wenn es einem andern schlecht geht, daß jeder Reichtum nur durch Raub oder Diebstahl, Wucher oder Betrug begründet werde. Wirtschaftlich ist der Reichtum des Einzelnen ein Teil des Volksreichtums, und lohnende Arbeit für den Einzelnen bedeutet Wohlstand für Alle.

Printed by Libri Plureos GmbH
in Hamburg, Germany